BOLYCS
CYMRAEG

BOLYCS CYMRAEG

'O bydded i'r Bolycs barhau.'

Gomer

Cyhoeddwyd yn 2016 gan
Wasg Gomer, Llandysul, Ceredigion SA44 4JL
www.gomer.co.uk

ISBN 978 1 78562 066 9

Cyhoeddir gyda chymorth ariannol Cyngor Llyfrau Cymru.

Argraffwyd a rhwymwyd yng Nghymru gan
Wasg Gomer, Llandysul, Ceredigion.

Rhagymadrodd

Am bum munud i ddeg ar 26 Medi 2014 clywodd gŵr ifanc, cyhyrog a golygus lais tra oedd yn crwydro adre o'r dafarn wedi noson galed o athronyddu, trafod gwleidyddiaeth a chwarae darts. Pwy oedd bia'r llais? Dyn a ŵyr, ond diolch i'r drefn, fe wrandawodd y gŵr ifanc, cyhyrog a golygus ar y llais. A'r neges? 'Dos ati i drydar lluniau hanesyddol gyda negeseuon o bwys er budd Cymru, ei phobl a'i dyfodol.'

Dau ddeg saith munud yn ddiweddarach, fe bostiodd y gŵr ifanc, cyhyrog a hynod olygus ei neges gyntaf o dan yr enw Bolycs Cymraeg. Mae'r gweddill, ys dywed y Sais, yn hanes.

Erbyn heddiw mae 17,000 yn hoffi ei ddwli ar Facebook, 5,000 yn gwerthfawrogi ei rwtsh ar Instagram a bron i 8,000 yn disgwyl yn eiddgar bob dydd am ei negeseuon ar Trydar.

Mae Cymru yn lle gwell heddiw, diolch i Bolycs Cymraeg.

www.bolycs.cymru

Pedair o WAGs tîm rygbi Cymru yn datgan eu dicter ar ôl canlyniad siomedig arall – Tiger Tiger, Caerdydd, 2014

Y drysau'n agor ar gyfer sesiwn arwyddo
gan Tudur Owen o gopïau o'i nofel newydd –
Waterstones Caerdydd, 2014

John ac Alun ar noson olaf eu taith fyd-eang
'O Nefyn i Morfa Nefyn' – Gwesty Nanhoron, 2009

Caryl Parry Jones a Cleif Harpwood yn y
National Milk Bar, Porthmadog, ar y ffordd
i Recordiau Sain, 1982

Elin Fflur yn cymryd rhan yn nhwrnamaint *croquet* Merched y Wawr – Llangefni, 2009 (Noddwyd gan Hooton's, Brynsiencyn)

Y Diliau ar eu ffordd 'nôl i'r maes pebyll ar ôl smyglo potel o *gin* i'r maes yng nghês gitâr Max Boyce – Hwlffordd, 1972

Merched y Wawr Pontyberem yn cael hwyl a sbri
ar eu trip blynyddol i Costa del Pont Abraham, 2009

Bryn Terfel, Myrddin ap Dafydd a Beti George – parti Nadolig Gorsedd y Beirdd, Aberystwyth, 1999

Merched buddugol
Dawnswyr Nantgarw –
Eisteddfod y Barri 1968

Calan Gaeaf Sir Fôn. Tric neu trît? Llangefni, 2012

Noson tân gwyllt – Gwalchmai, 2014

Rush hour –
Porthaethwy, 2006

Dai Jones – Llanilar, 1953

Y ciw ar gyfer yr Ŵyl Gerdd Dant –
y Stiwt, Rhosllannerchrugog, 2014

Robin McBryde yn croesawu rhai o WAGs tîm rygbi
Cymru – Caerdydd, 2012

Eden – cyn iddyn nhw sacio Duffy a Meinir Gwilym

Dawnswyr Aled Hall yn cynhesu ar gyfer noson lawen – Crymych, 2006

Reid newydd Oakwood, 1971

Heddlu yn rheoli'r dorf tu allan i gìg y Brodyr Gregory – Brynaman, 1992

Yr *haka* Cymreig yn cael ei
berfformio am y tro cyntaf –
Castell Caerdydd, 1963

Y ciw ar gyfer gìg cyntaf Edward H. Dafis –
Corwen, 1964

Hywel Wood a'i wraig Winnie, y cwpwl cyntaf i ymddangos ar *Siôn a Siân* – HTV Pontcanna, 1974

Y Maes, Caernarfon, 1983

Hipstars – Porthmadog, 2012

Y dorf yn mwynhau noson lawen efo Trebor Edwards ar un o'i *cruises* enwog ar y *Costa Canu* – Napoli, 1982

Merched y Wawr Glyn Ceiriog yn paratoi ar gyfer eu brwydr flynyddol efo WI Chirk & District – y Waun, 1972

Bethan Gwanas gyda thlws Miss Dolgellau, 1982

Yr Archdderwydd a Cheidwad y Cledd yn nôl petrol – Abergwaun, 1986

Parti dawns Merched y Wawr, Plwmp yn 1947. Daeth *random drugs testing* i mewn yn 1951

Parti Nadolig band Deiniolen,
jest cyn i bethau fynd yn flêr –
Llanberis, 1996

Gwilym Owen, Dyn Cryfaf Gwalchmai. Y Cymro cyntaf i gyrraedd rhestr fer BBC Sports Personality of the Year yn 1954. Ac eto yn 1957, fel Gwendolen Owen

Aelod o'r cyhoedd wedi iddi glywed y newyddion fod tocyn olaf gìg John ac Alun wedi ei werthu – Botwnnog, 2011

Y bws gwennol cyntaf – Eisteddfod Wrecsam, 1977

Jess yn ymlacio cyn
gìg yn London House –
Crymych, 1992

Grand National Dyffryn Conwy – Penmachno, 1992

Swog dienw yn cadw llygad ar griw o blant o Glwyd (Maes Garmon, Brynhyfryd a Morgan Llwyd) – traeth Llangrannog, 1984

Parti Nadolig yr Aled Hall Appreciation Society.
Braf gweld bod yr aelodaeth gyfan wedi troi allan –
Crymych, 2013

Cynllun ar gyfer 'Pabell Lên y dyfodol', 1968

Llun prin iawn o griw y *Mimosa* yn cyrraedd y lan.
Rachel ac Aaron Jenkins ar y chwith – Porth Madryn,
Patagonia, 1865

Yr Aelod Seneddol Elfyn Llwyd yn ymarfer ar gyfer y Tour de France. Ei her gyntaf wedi ymadael â San Steffan – y Bala, 2015

Disgyblion Ysgol Glantaf (chwith) ac Ysgol Syr Hugh Owen (dde) yn disgwyl am y bws adref – Glan-llyn, 1986

Bws ysgol – Tregaron, 1976

Y postmon ar ei ffordd
i dŷ Aled Hall efo'i
fan mail dyddiol –
Mynachlog-ddu, 2015

Myfanwy Griffiths, Maer Aberteifi, yn lansio ei phersawr newydd Eau de Ysgadenyn – Llandudoch, 1985

Mererid Hopwood, Tudur Dylan Jones a Myrddin ap Dafydd. Wynebau mis Chwefror, Calendar yr Orsedd, 2009

Nain Dona Direidi yn disgwyl i Cyw ddeor – Llanisien, 2007

Côr Meibion Dyffryn Nantlle – Tal-y-sarn, 2009

Idris ap Torth,
dosbarthwr
bara swyddogol
Caerfyrddin a'r
cyffiniau 1987–91,
Parcmaen Street,
1988

Eric Jones yn agor ei ganolfan ddringo newydd dan do – Sling, 2009

Cwmni theatr Brith Gof yn perfformio eu bale arloesol *4 dyn, 3 barf, 1 fasged* – Cilfynydd, 1984

Hogia Clwb Rygbi Caernarfon
yn difaru galw 5554 i fynd â
nhw i dre – Caernarfon, 1982

Next stop, Glan-llyn – Ffostrasol, 1997

Agoriad swyddogol *private shop*
gyntaf Sir Fôn – Llangefni, 1982

Gerwyn Lloyd, perchennog y ffôn symudol cyntaf yn y pentref – Llangrannog, 2015

Lewis Valentine, cenedlaetholwr a dyfeisiwr y cerdyn *valentine*, ar glawr ei gerdyn cyntaf, 1914

Llewelyn McCacen, pencampwr Cymreig yr Highland Games, yn tosio'i fara brith – Dunoon, 1933

Y Crempogau, *girl group* aflwyddiannus o'r 60au yn lansiad eu hunig sengl, 'Hancos Pancos'

Beth yw lliw y wisg hon? Coch a gwyn? Glas a du? Aur a gwyn?

Robin McBryde
ar ei ffordd 'nôl o
*undercover spying
mission* cyn gêm
Cymru v Ffrainc –
Calais, 2015

Gwyneth Glyn, Tywysoges y Tatws – Sioe Nefyn, 1995

Y 'Q' newydd

Tri aelod o gast *Pobol y Cwm* ar eu hawr ginio – Llandaf, 2008

Debut Tarw Nefyn, Nantlle Vale yn erbyn Locomotive Llanberis – Penygroes, 1976

Dathliadau'r Pasg *in full swing* yn y Tymbl, 2015

Catrin Finch yn
arwain dathliadau'r
Pasg – Creigiau, 2013

Criw aflwyddiannus y Coleg Normal, Bangor yn y Boat Race – Putney, 1976

Teulu o Frynaman yn mwynhau gwyliau yn Butlins – Garnant, 1982

Problemau yn ystod ras traws
gwlad, mabolgampau Ysgol
Brynrefail – Llanberis, 1975

Y ciw ar gyfer *meet & greet* efo
Rala Rwdins – Pwllheli, 1976

Tony ac Aloma yn lansio eu halbwm Saesneg, *I have tight trousers, and I some white* – Llundain, 1969

Charlotte Church yn glanio un ar Katie Hopkins ar do yr Happy Gathering – Caerdydd, 2015

Diwrnod cyntaf Ieuan Rhys
ar set Cwmderi fel Sarjant
James – Llandaf, 1973

Diwrnod mart – Llanymddyfri, 1978

Gwasanaeth bysus cyntaf Crosville –
Patagonia, 1903

Cyffro Eurovision 2015 wedi cyrraedd Dolgellau

Tylwyth teg y Comisiwn Coedwigaeth yn torri
coeden Nadolig wyth troedfedd – Penmachno, 1948

Parti cydadrodd yn disgwyl
canlyniadau'r rhagbrawf –
Caerffili, 2015

Criw dawnsio gwerin Aelwyd y Rhyl
yn gadael am Gaerffili ar eu bws
dychmygol – 6 o'r gloch bore 'ma

Rosalind a Myrddin, Heather Jones a Hywel Gwynfryn yn ymlacio yn Hawaii yn ystod eu *Welsh Pops World Tour*, 1968

Astudio'r rhestr testunau ar gyfer Eisteddfod yr Urdd yn y Fflint, 2016 – roedd dwyn olwynion yn gystadleuaeth newydd

Y dorf yn mwynhau cyngerdd ffarwél
Dafydd Iwan – Llandudno, 1974

Genod Maesincla yn snapchatio'i gilydd – Caernarfon, 2015